LIBRO DEI DINOSAURI
CIAO!
I0791439

SEGUICI

DIVERTIAMOCI
E IMPARIAMO
A CONOSCERE I
DINOSAURI

PARLIAMO
DI ME

È UN
ANCHILOSAURO

ANCHILOSAURO

- LO SAPEVI CHE... -

SONO STATO SCOPERTO NEL 1906

IL MIO NOME SIGNIFICA: "LUCERTOLA FUSA"

CAMMINAVO SU 4 ZAMPE

AVEVO CIRCA 72 DENTI PICCOLI

ANCHILOSAURO

- LO SAPEVI CHE... -

AVEVO UN CORPO **CORTO** E **PESANTE**

AVEVO UMA **PROTEZIONE** PER I MIEI OCCHI

AVEVO **5 DITA** NEI PIEDI

AVEVO IL **CORPO PROTETTO** DA PLACCHE OSSEE E **PUNTE** SU TUTTO IL CORPO

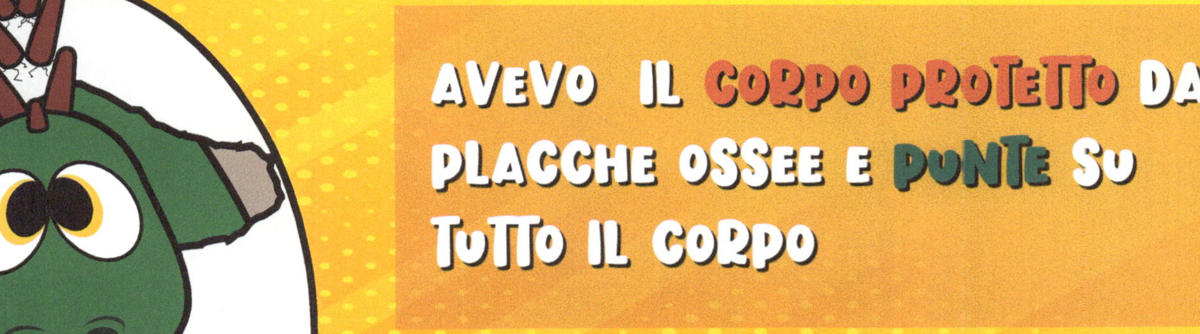

ANCHILOSAURO

PERIODO: CRETACEO
DIETA: PIANTE
LUNGHEZZA: 6 METRI
PESO: 3 – 4 TONNELLATE

Anchilosauro

IO SONO UN ANCHILOSAURO

L'ANCHILOSAURO CON LA SUA ARMATURA ERA COME UN CARRO ARMATO, NON ERA FACILE DA AFFRONTARE PER NESSUN PREDATORE

PESAVO QUANTO 4 AUTOMOBILI

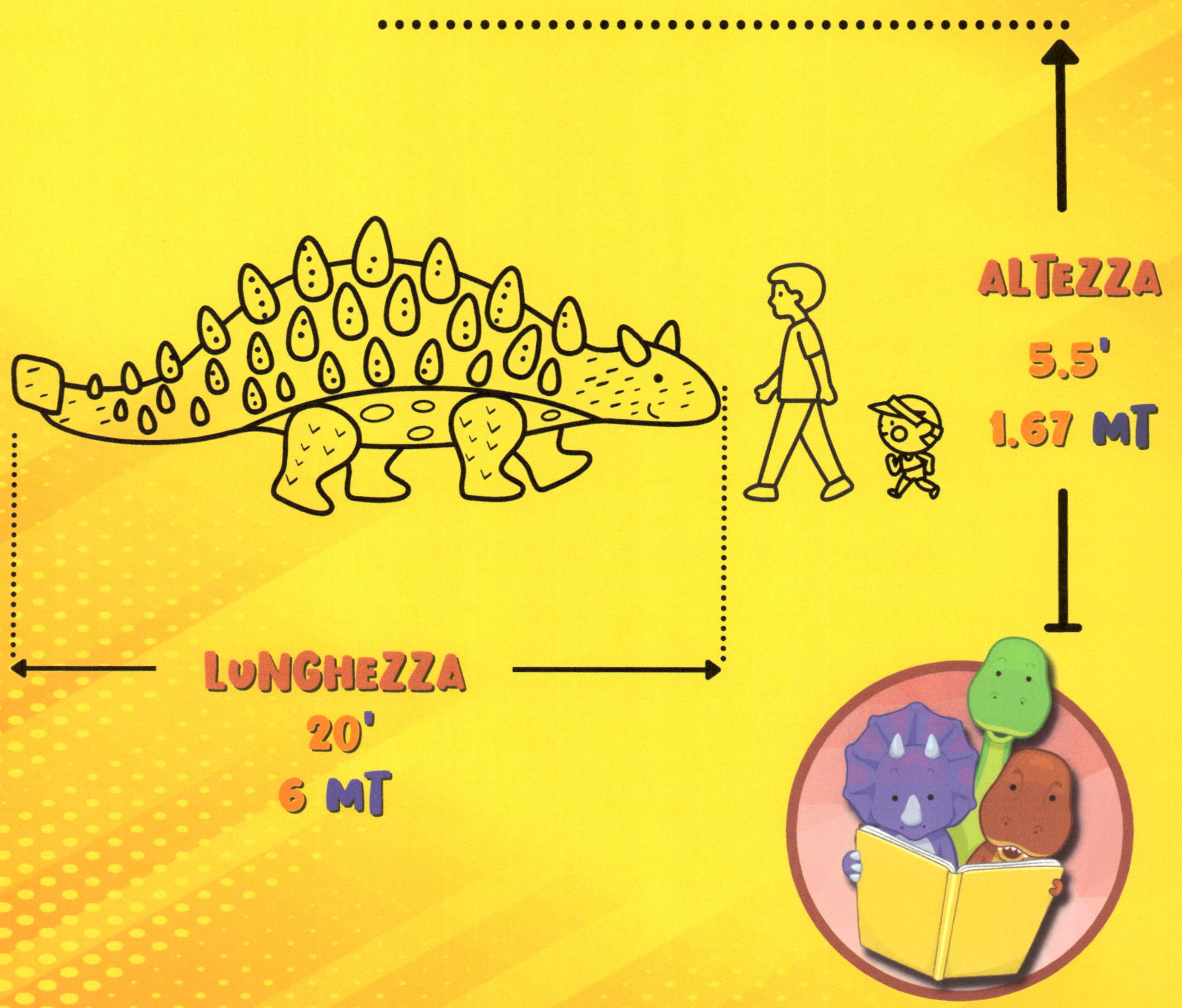

SI PENSA CHE LA VELOCITÀ DI UN ANCHILOSAURO FOSSE FINO A SEI MIGLIA ALL'ORA

ALTEZZA
5.5'
1.67 MT

LUNGHEZZA
20'
6 MT

MI
CONOSCI?

E' UN
APATOSAURO

APATOSAURO

– LO SAPEVI CHE... –

SONO STATO SCOPERTO NEL 1877

IL MIO NOME SIGNIFICA:
"LUCERTOLA INGANNEVOLE"

CAMMINAVO SU 4 ZAMPE

MI MUOVEVO MOLTO LENTAMENTE
PERCHÉ ERO GRANDE

APATOSAURO

– LO SAPEVI CHE… –

MI CHIAMAVANO ANCHE BRONTOSAURO

MANGIAVO LE FOGLIE IN CIME AGLI ALBERI

AVEVO 5 DITA NEI PIEDI

ERO UN DINOSAURO MOLTO GRANDE CON UN COLLO MOLTO LUNGO

APATOSAURO

PERIODO: GIURASSICO
DIETA: PIANTE
LUNGHEZZA: 21 METRI
PESO: 25-40 TONNELLATE
MI CHIAMAVANO
ANCHE BRONTOSAURO
LA MIA CODA È SIMILE
AD UNA FRUSTA

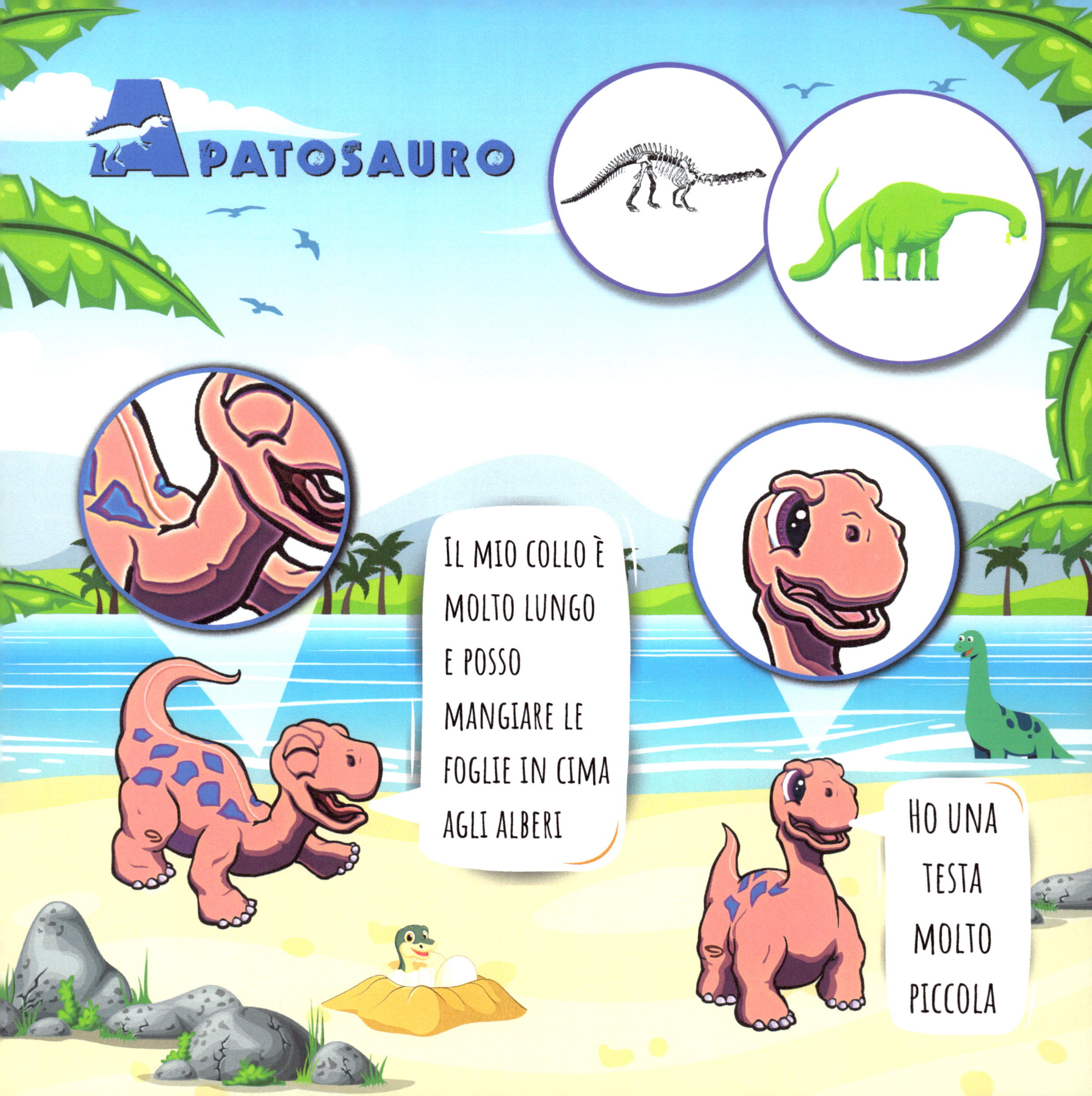

APATOSAURO
Il mio collo è molto lungo e posso mangiare le foglie in cima agli alberi
Ho una testa molto piccola

SONO UN APATOSAURO

LE ZAMPE POSTERIORI ERANO PIÙ LUNGHE DI QUELLE ANTERIORI E AVEVANO TRE ARTIGLI INVECE DI UNO

MANGIO LE PIANTE

LE NARICI DELL'APATOSAURUS ERANO POSIZIONATE SULLA PARTE SUPERIORE DELLA TESTA

PESAVO QUANTO 4 O 5 ELEFANTI AFRICANI

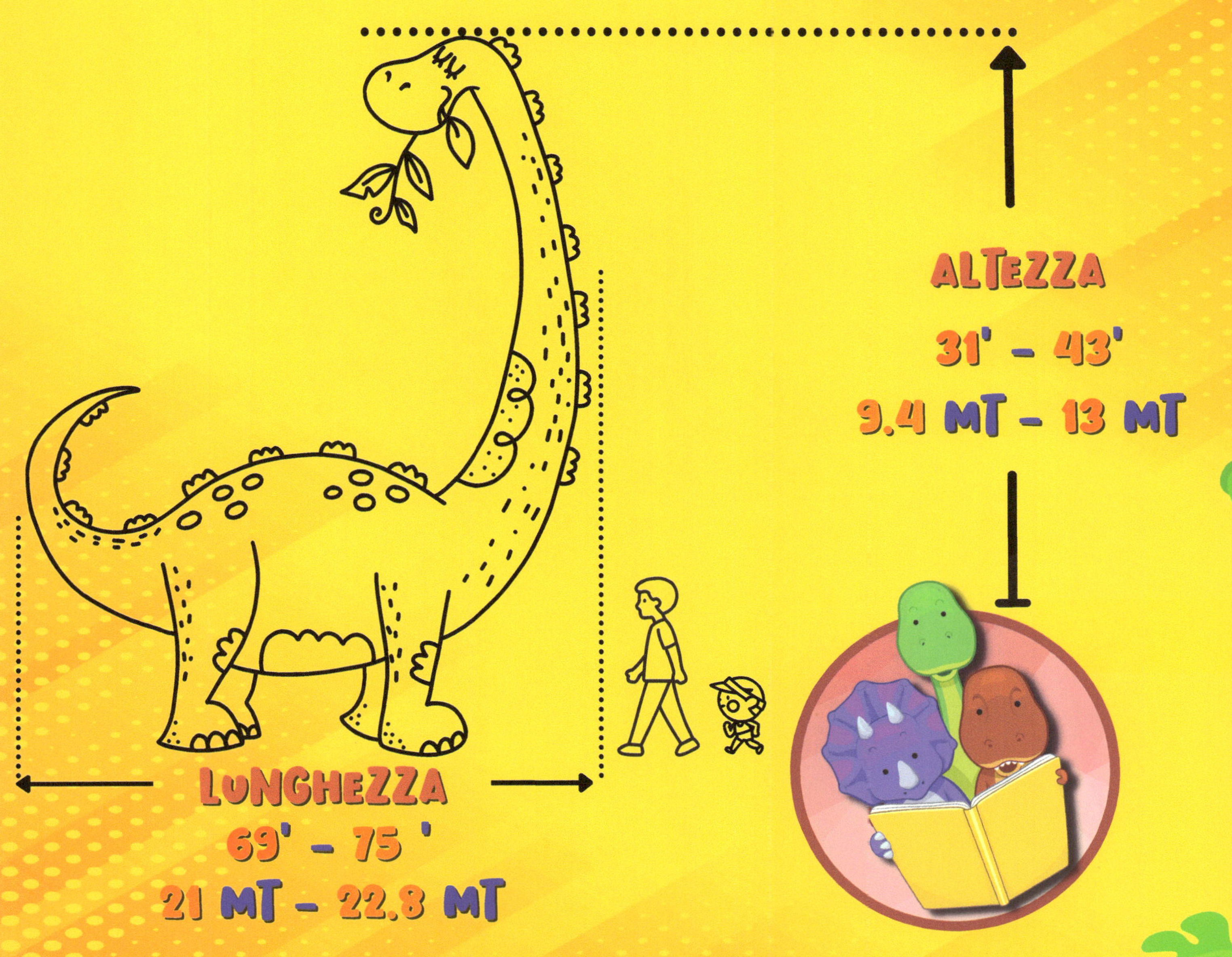

SI PENSA CHE UN UOVO DI APATOSAURO FOSSE LARGO
CIRCA 30 CENTIMETRI
ALTEZZA
31' - 43'
9.4 MT - 13 MT
LUNGHEZZA
69' - 75 '
21 MT - 22.8 MT

PARLIAMO UN PO'
DI ME

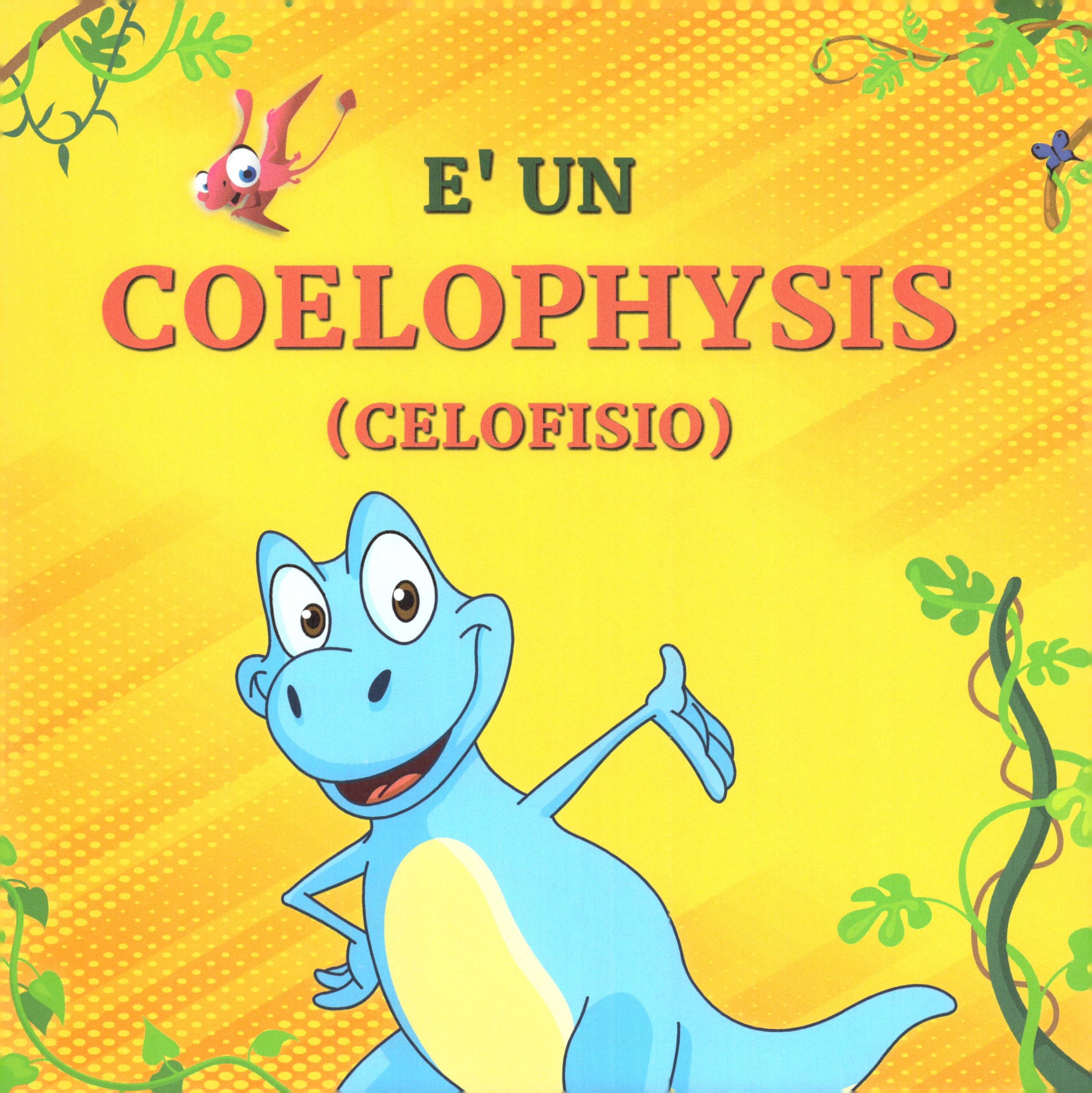

E' UN
COELOPHYSIS
(CELOFISIO)

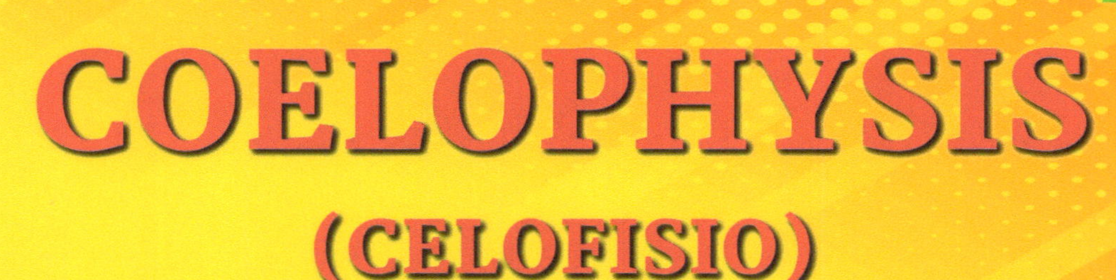

SONO STATO SCOPERTO NEL 1947

IL MIO NOME SIGNIFICA:
"FORMA CAVA"

CAMMINAVO SU 2 ZAMPE

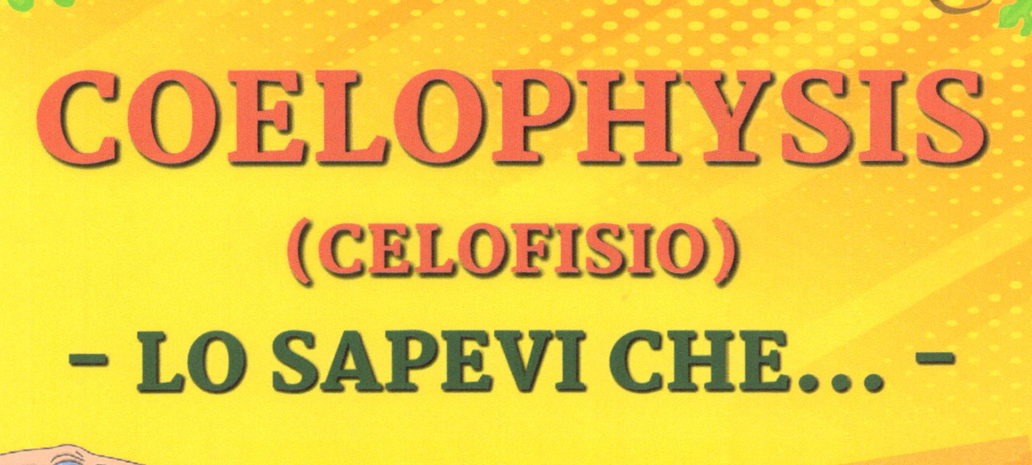

COELOPHYSIS
(CELOFISIO)
- LO SAPEVI CHE... -

COELOPHYSIS
(CELOFISIO)

COELOPHYSIS
CELOFISIO

HO I DENTI MOLTO AFFILATI

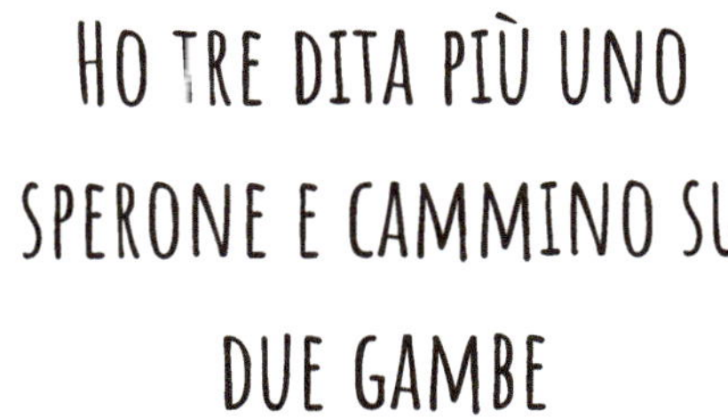

HO TRE DITA PIÙ UNO SPERONE E CAMMINO SU DUE GAMBE

IO SONO UN COELOPHYSIS (CELOFISIO)

LA MIA VISTA ERA SUPERIORE A QUELLA DELLA MAGGIOR PARTE DELLE LUCERTOLE COME QUELLA DEI MODERNI RAPACI

IO MANGIO CARNE

PESAVO QUANTO UN AUTOBUS DI LINEA

SI PENSA CHE IL CELOPHYSIS (CELOFISIO) CACCIASSE IN GRUPPI

SAI CHI
SONO IO?

E' UN
ADROSAURO

ADROSAURO
- LO SAPEVI CHE... -

SONO STATO SCOPERTO NEL 1858

IL MIO NOME SIGNIFICA:
"LUCERTOLA INGOMBRANTE"

CAMMINAVO A 4 ZAMPE

ADROSAURO
- LO SAPEVI CHE... -
AVEVO MOLTI DENTI
AVEVO LE MANI PALMATE
POTEVO CORRERE SU 2 GAMBE

ADROSAURO

PERIODO: CRETACEO
DIETA: PIANTE
LUNGHEZZA: 9 METRI
PESO: INTORNO ALLE 7 TONNELATE
MI CHIAMAVANO DINOSAURI A BECCO D'ANATRA

ADROSAURO

Correvo su due gambe

Avevo delle unghie a forma di zoccolo sui piedi

Avevo la coda rigida per rimanere in equilibrio

IO SONO UN ADROSAURO

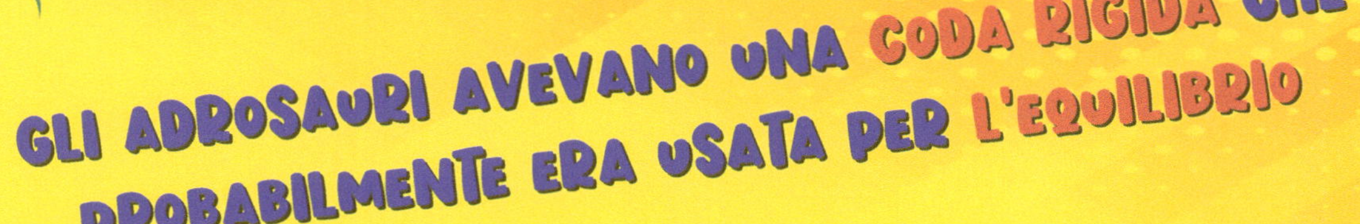

AVEVANO UNGHIE SIMILI A ZOCCOLI SUI PIEDI E UNA PELLE IRREGOLARE

PESAVO QUANTO DUE IPPOPOTAMI

L 'ADROSAURO CORREVA SU 2 GAMBE TENENDO LA CODA E LA TESTA IN POSIZIONE ORIZZONTALE

MI
CONOSCI?

E' UN
PTERODATTILO

PTERODATTILO

– LO SAPEVI CHE... –

SONO STATO SCOPERTO NEL 1870

IL MIO NOME SIGNIFICA: "ALA SENZA DENTI"

ERO UN RETTILE VOLANTE

PTERODATTILO
- LO SAPEVI CHE... -
POTEVO STARE IN PIEDI
LE MIE ALI NON AVEVANO PIUME
AVEVO LA TESTA A PUNTA

PTERODATTILO

PTERODATTILO

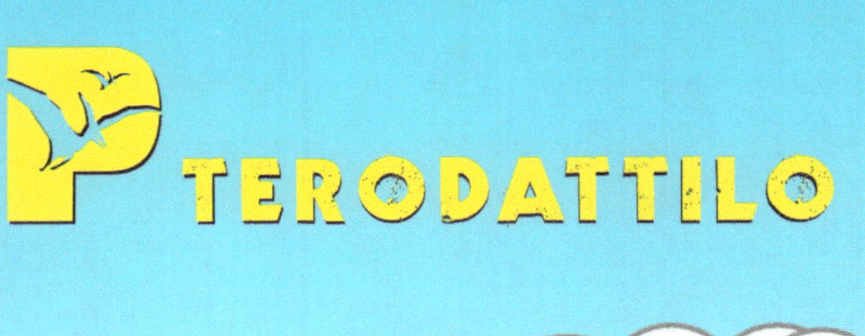

IO SONO PTERODATTILO

GLI PTERODATTILI SONO APPARSI MOLTO **PRIMA** DEGLI UCCELLI

ALCUNI PTERODATTILI ERANO **ENORMI** LE DIMENSIONI DI PICCOLI **AEROPLANI!**

PTERODATTILO AVEVA UNA GRANDE **CRESTA** DIETRO LA TESTA

NON **ESISTE** UNA STIMA ACCURATA DEL **PESO**

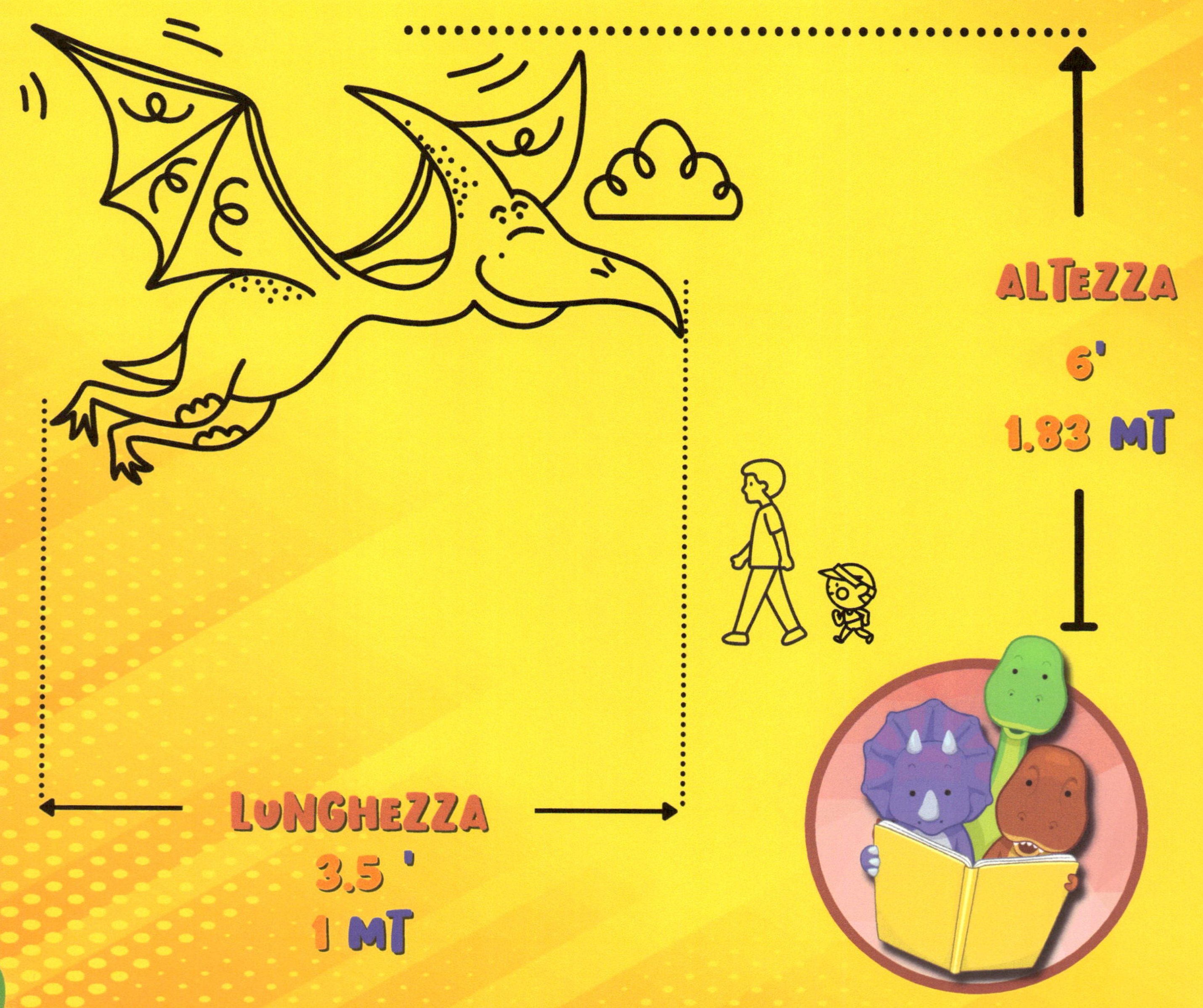
LO PTERODATTILO AVEVA UN BECCO ALLUNGATO CON CIRCA 90 DENTI AFFILATI COME RASOI
ALTEZZA
6'
1.83 MT
LUNGHEZZA
3.5 '
1 MT

SAI CHI
SONO IO?

E' UN
STEGOSAURO

STEGOSAURO
– LO SAPEVI CHE... –

SONO STATO SCOPERTO NEL 1877

IL MIO NOME SIGNIFICA: "LUCERTOLA COPERTA"

NON AVEVO I DENTI DAVANTI

STEGOSAURO
- LO SAPEVI CHE... -
ZZ
Z
AVEVO DUE FILE DI PIASTRE SULLA MIA SCHIENA
L'ARMATURA MI DIFENDEVA DAI NEMICI

STEGOSAURO

PERIODO: GIURASSICO
DIETA: PIANTE
LUNGHEZZA: 9 METRI
PESO: 2 TONNELLATE
Avevo una testa piccola, un collo corto e un corpo grande
Le mie gambe davanti erano molto più corte di quelle dietro
Andavo al massimo a 8 km all'ora.

TEGOSAURO

Io sono uno stegosauro

CAMMINAVO SU 4 ZAMPE E AVEVO LE DITA DEI PIEDI SIMILI A ZOCCOLI

LA SUA VELOCITÀ MASSIMA, SECONDO GLI SCIENZIATI, POTREBBE ESSERE STATA DI CIRCA 6 O 7 KM/H (3,5 O 4,5 MPH)

MANGIO LE PIANTE

PESAVO QUANTO UN'AUTO AMERICANA

LE PUNTE SULLA CODA DI UNO STEGOSAURO ERANO
LUNGHE FINO A UN METRO
ALTEZZA
14 '
4.3 MT
LUNGHEZZA
30 '
9.1 MT

MI
CONOSCI?

E' UN
TIRANNOSAURO
REX

TIRANNOSAURO REX
– LO SAPEVI CHE... –

SONO STATO SCOPERTO NEL 1990

IL MIO NOME SIGNIFICA: "LUCERTOLA TIRANNO"

NON CORREVO MOLTO VELOCE

TIRANNOSAURO REX
- LO SAPEVI CHE... -
AVEVO UNA FACCIA LARGA E RETTANGOLARE
AVEVO BRACCIA CORTE E FORTI

TIRANNOSAURO REX

PERIODO: CRETACEO

DIETA: CARNIVORO

LUNGHEZZA: FINO A 12 METRI

PESO: 16 TONNELLATE

Tirannosauro Rex
Avevo braccia corte ma muscolose
Avevo tra i 50 e i 60 denti grandi
Ero il più grande predatore dell'era dei dinosauri

IO SONO UN TIRANNOSAURO REX

LA FORZA DEL MORSO DEL T REX È LA PIÙ FORTE DI QUALSIASI ANIMALE TERRESTRE

PESAVO QUANTO 5 AUTOMOBILI

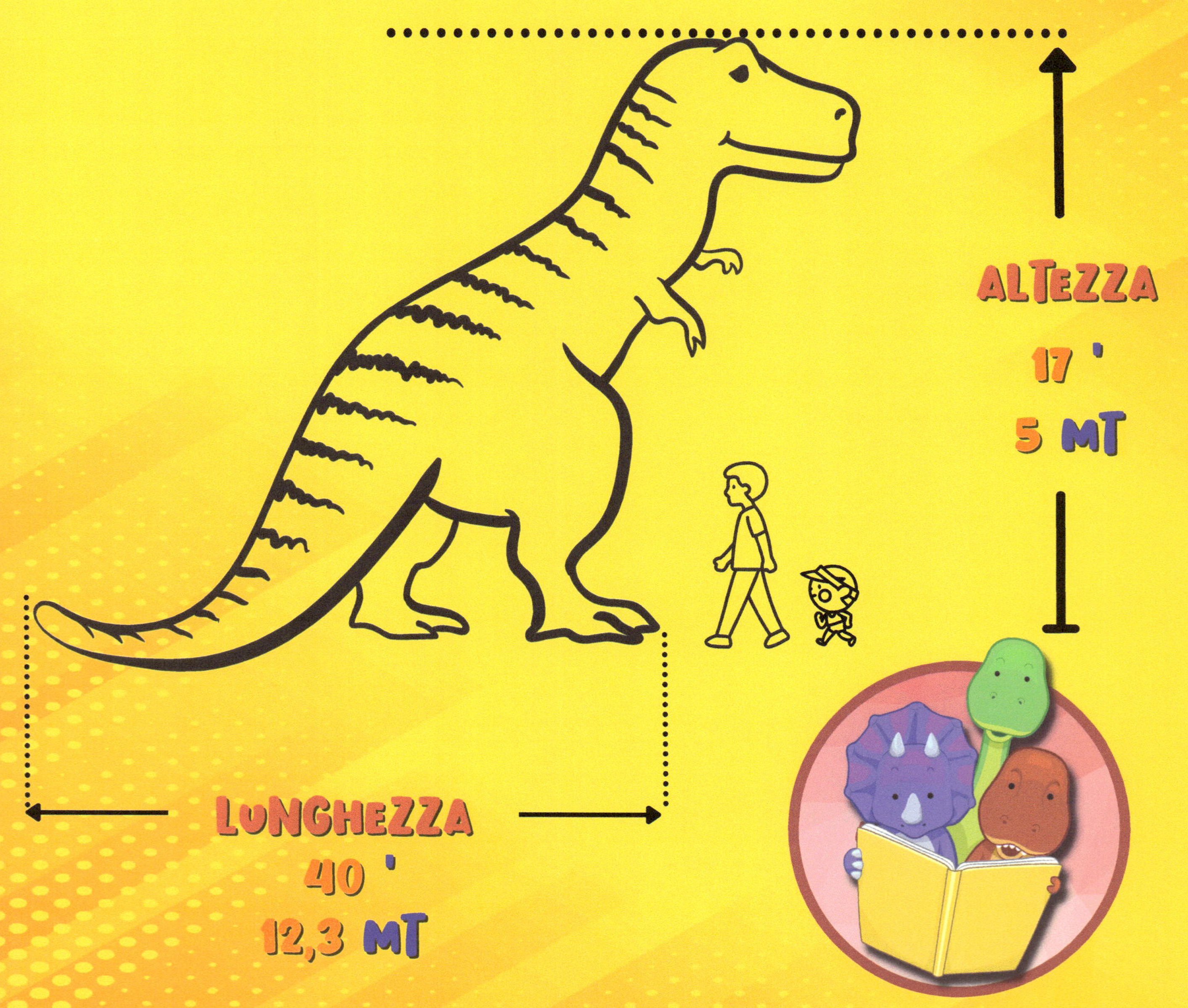

IL TIRANNOSAURO REX AVEVA TRA 50 E 60 GRANDI DENTI
ALTEZZA
17 '
5 MT
LUNGHEZZA
40 '
12,3 MT

PARLIAMO
DI ME

E'UN
TRICERATOPO

TRICERATOPO
– LO SAPEVI CHE... –

SONO STATO SCOPERTO NEL 1887

IL MIO NOME SIGNIFICA: "FACCIA A TRE CORNA"

LA MIA VELOCITÀ MASSIMA FINO A 32 KM ALL'ORA

TRICERATOPO

- LO SAPEVI CHE... -

TRICERATOPO

Avevo corna lunghe fino a 1,3 mt
e le punte erano forti e affilate

TRICERATOPO

IL MIO CRANIO ERA UNO DEI PIÙ GRANDI FINO A 2,4 MT DI LUNGHEZZA

AVEVO IL BECCO DI UN UCCELLO SULLA BOCCA

IO SONO UN TRICERATOPO

IL TRICERATOPO ERA GRANDE E ROBUSTO, DI DIMENSIONI SIMILI A QUELLE DI UN ELEFANTE

PESAVO QUASI QUANTO UN TYRANNOSAURUS REX

IL TRICERATOPO ERA COME UN GIGANTESCO RINOCERONTE PREISTORICO

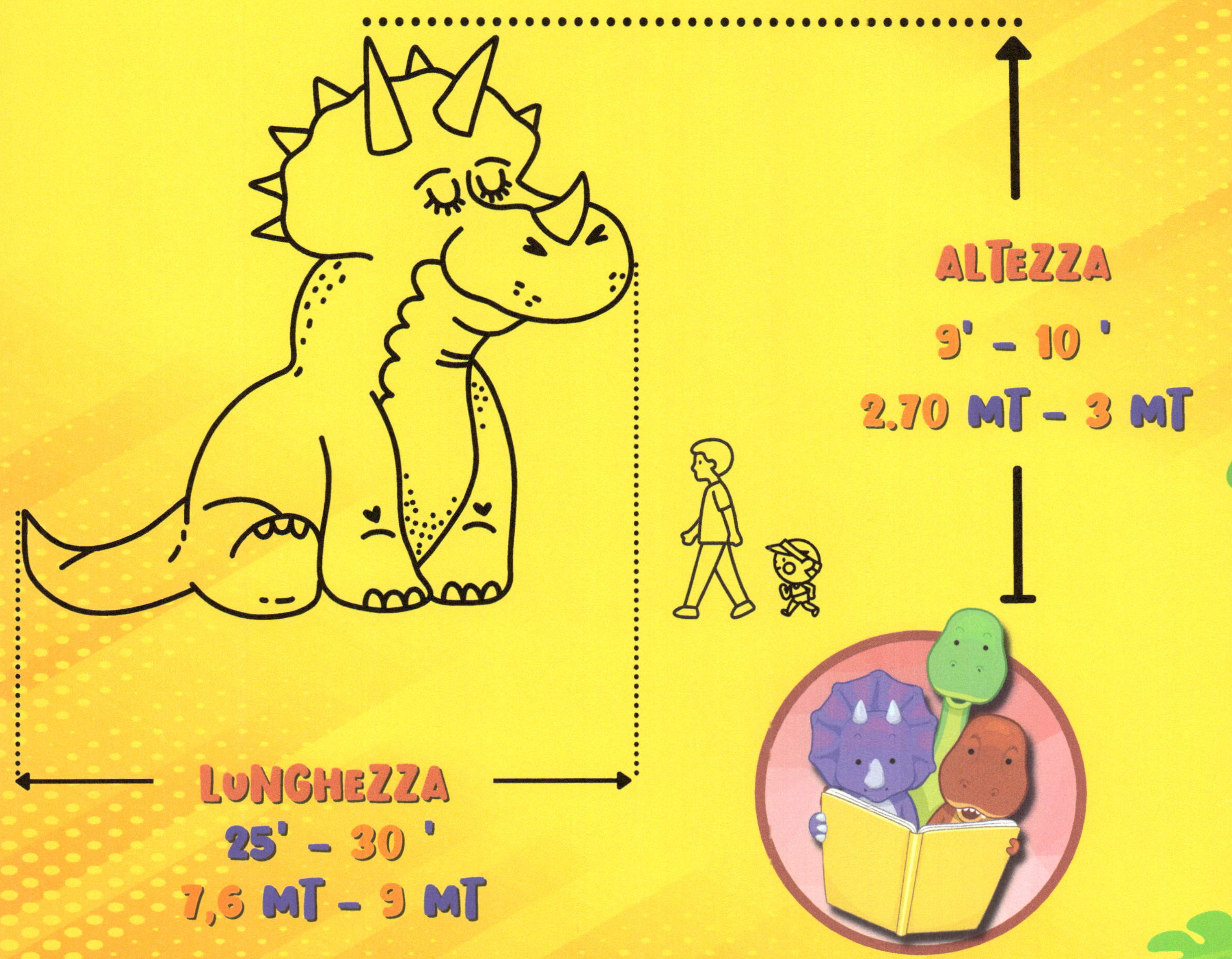

LIBRO DEI DINOSAURI

PER SAPERNE DI PIÙ

AUTHOR.TO/BOOQLOOP

LA NOSTRA EMAIL
BOOQOOZE@GMAIL.COM